AF330652

DU CRÉDIT;

DE LA DETTE PUBLIQUE

DE LA FRANCE,

ET

DU PAIEMENT DE L'ARRIÉRÉ.

Par M. SABATIER,

Ancien Administrateur du département de la Seine, et ancien Préfet du département de la Nièvre.

A PARIS

DE L'IMPRIMERIE DE P. GUEFFIER.

1817.

DU CRÉDIT.

DE LA DETTE PUBLIQUE

DE LA FRANCE;

ET

DU PAIEMENT DE L'ARRIÉRÉ.

LE crédit public et le crédit particulier sont si essentiellement unis, qu'ils deviennent inséparables l'un de l'autre. Par les avantages qu'ils procurent constamment aux peuples et aux gouvernemens on ne saurait employer trop de moyens pour en obtenir les plus grandes ressources.

Je ne doute pas que cette question, l'une des plus importantes à traiter dans les discussions de l'économie publique, ne soit vue avec beaucoup trop d'indifférence par une infinité de personnes dont elle devrait fixer bien davantage l'intérêt.

Que d'autres la regardent comme très-problématique, relativement aux moyens d'aisance générale auxquels le crédit peut donner naissance ;

Que ceux-ci considèrent l'étendue du crédit comme plus préjudiciable qu'avantageuse: les gouvernemens, disent-ils, peuvent en faire un usage dangereux, parce qu'il leur donne de trop grandes ressources, qu'ils ont dès-lors plus de moyens pour satisfaire leur ambition, et accroître ainsi les dettes publiques, que les peuples sont ensuite obligés d'acquitter.

Mais si, sans s'arrêter ni à l'indifférence, ni aux doutes, ni aux craintes des sentimens divers que je viens de rappeler, on n'envisage le crédit que de la seule manière qui lui est convenable, on verra qu'on ne peut partager de telles opinions, surtout lorsqu'on ne saurait disconvenir que « le crédit est la cause du travail, la source des richesses, le garant du bonheur des peuples et de la puissauce des états. »

Parlerons-nous du crédit public : nous verrons qu'il donne de suite naissance au crédit particulier. Avec eux les capitaux reparaissent dans l'intérieur ; l'étranger nous importe, à long terme, les matières premières nécessaires à nos manufactures ; nous lui livrons en échange d'autres matières premières, ainsi que les produits de notre industrie et ceux du surplus de notre agriculture. Les négocians donnent respectivement des acceptations aux lettres-de-change, qui, dans leur passage de place en place, répandent beaucoup de capitaux dans la circulation, et donnent lieu à des bénéfices très-considérables.

Ce que nous devons regarder comme d'une bien moindre considération que tout ce que que je viens d'exposer, est relatif aux divers capitalistes qui importeront leurs économies, parce qu'ils trouveront avantageux de les placer très-solidement dans les fonds publics et d'être payés de leurs arrérages avec la plus grande exactitude. Sans se nuire, une nation peut supporter cet intérêt, puisque ces monnaies métalliques, importées et répandues ensuite sur l'industrie et le commerce, donnent des bénéfices qui compensent bien au-delà ce que l'on paie dans ces pays.

Les bons effets qui résultent d'une confiance réciproque et aussi illimitée que celle donnée par le crédit ; l'importation, de nation à nation, des matières premières, des objets manufacturés ou de ceux produits par l'industrie agricole ; les économies placées sur les effets publics, que des capitalistes étrangers ne font qu'en faveur des nations, parce qu'en masse elles leur présentent beaucoup plus de sûreté que les particuliers ; les ressources procurées par ces moyens différens sont de la plus grande utilité pour toutes les parties de l'économie publique d'un état.

Les avantages produits par ces divers capitaux, leur fluctuation sans cesse en mouvement, et toujours d'une manière fructifiante, doivent être considérés comme étant l'action la plus nécessaire à mettre en usage pour faire fleurir l'industrie et le commerce, réduire le trop haut prix de l'intérêt, amener l'aisance générale, et par conséquent celle des gouvernemens. Si le crédit donne des résultats aussi incontestables, nous serons donc encore opposés à l'erreur dans laquelle nous pensons qu'est entré un de nos anciens ministres, en érigeant en principe que « le fort intérêt de l'argent provient de la rareté du signe. »

Le seul discrédit, répéterons-nous, au contraire, la méfiance qui en est toujours la suite et qui se propage beaucoup trop quand on n'y remédie pas, voilà, suivant nous, les causes de l'excessive cherté de l'intérêt.

Si on veut porter un instant son attention sur les besoins, sans cesse renaissans, des peuples, ainsi que sur ceux de leurs gouvernemens, on verra qu'ils doivent donner lieu à une très-grande industrie et à un commerce très-étendu. Si on veut réfléchir ensuite sur l'ensemble de tout ce qui constitue ce commerce, et le comparer aux valeurs des monnaies possédées par les diverses nations, on ne tardera pas à s'apercevoir que leurs quantités sont extrêmement au-dessous du prix de tous ces objets commerciaux, des besoins des gouvernemens, de l'industrie et du commerce. Pour pouvoir continuer ces opérations, dont les effets sont devenus indispensables, il faut cependant les solder d'une manière quelconque, et on n'a pas pu mieux y parvenir qu'en suppléant à l'insuffisance des métaux par l'établissement du crédit.

Le signe monnaie, plus ou moins abondant, ne constitue pas la prospérité d'un pays. Il n'en est pas de même de la confiance : plus elle est étendue, et plus elle est avantageuse. Ainsi c'est à tort que l'on entend dire, trop souvent , qu'un pays prospère parce qu'il a beaucoup d'argent : il faut dire que cet état heureux lui provient de la grande confiance que l'on a dans son gouvernement , dans ses négocians , et de citoyen à citoyen. Le signe ne peut jamais être considéré que comme nécessaire aux appoints du commerce, au salaire de la main-d'œuvre, à l'achat de nos besoins journaliers et au paiement des impôts. Par le fait même de ce qui existe, c'est la seule attribution qu'il soit convenable de donner au métal monnoyé. Le crédit, dont on ne saurait jamais se passer, étant toujours l'âme agissante de la prospérité publique ; le crédit est donc une de ces inventions utiles dont l'esprit humain peut le plus se glorifier, puisqu'en multipliant les moyens d'échanger, il a répandu les plus grands bienfaits sur toutes les sociétés civilisées. De leur côté , les administrations publiques doivent mettre au premier rang de leurs devoirs d'en affermir toute la puissance.

Rejetons donc les considérations présentées par ces esprits rétrécis qui, n'attribuant pas aux moyens de crédit les avantages qu'ils produisent, s'opposent aux mesures que les gouvernemens pourraient employer pour faciliter une grande circulation de capitaux.

Rétablissons les bases du crédit, adoptons tous les moyens qui peuvent le ramener ; la confiance renaîtra de suite , le signe qui n'a pas disparu continuera d'être mis dans la circulation , mais à un taux nécessaire pour que tout reprenne la plus grande activité ; enfin, avec du *crédit* , ainsi que me faisait l'honneur de me l'écrire, il y a quelque temps , un des principaux dignitaires de l'Etat , « il n'y a pas de plaie que la France ne puisse guérir. »

« Sans crédit public , au contraire , point de crédit particulier ; sans crédit public, sans crédit particulier , point d'importation de matière première pour activer les manufactures , point d'acceptation dans l'étranger , point de capitaux ; point d'agriculture, quelque fécondes que soient les terres ; point d'industrie ni de manufactures pour occuper la portion la plus nombreuse et la plus intéressante de la société ; les hommes industrieux vont alors enrichir l'étranger de leurs talens. Sans crédit, point de commerce, l'usure continuera ses ravages , et nous la verrons chaque jour compagne inséparable du discrédit , puisqu'elle en est tour-à-tour et la cause et l'effet. Sans crédit public et par ticulier, sans capitaux, sans agriculture, sans industrie et manufactures, sans commerce, point d'impôts, on est dans l'impossibilité la plus absolue de les acquitter; point de mœurs, parce que les hommes, ne trouvant pas une occupation sédentaire, s'adonnent à tous les vices qu'entraîne l'oisiveté; enfin du discrédit public et particulier, de l'absence des capitaux, de l'appauvrissement de l'agriculture, de la stagnation de l'industrie, de la cessation du commerce, résulte la conséquence affligeante de la misère la plus profonde; et de cette situation déchirante pour l'âme des hommes de bien, de cette affreuse misère résulte, trop souvent encore, la naissance du crime. »

Tel était à-peu-près mon langage lorsqu'en l'an VI je donnai mon opinion sur cette matière importante, et que je traçais les moyens que je croyais devoir être employés pour détruire les trop fâcheux inconvéniens du discrédit que nous éprouvions alors.

Pour acquitter leurs dépenses extraordinaires, toutes les nations ont été dans l'indispensable nécessité de se procurer des ressources extraordinaires, soit par des emprunts, soit par divers genres de circulation qu'elles ont introduits. C'est même en faisant usage de ces ressources *de crédit*, qu'on est parvenu à soulager les peuples, parce qu'ils auraient été trop accablés, si, dans la même année, on eût augmenté leurs impôts des sommes représentées par ces dépenses. Ce que je viens d'exposer, en thèse générale, est donc applicable à toutes les nations où l'on a eu recours à des dettes publiques, et qui par conséquent ont le plus grand intérêt au maintien et à l'affermissement de leur crédit.

Si nous considérons actuellement cette question d'une manière plus particulière et qui nous soit applicable, nous verrons que, persuadé des fâcheux événemens qui peuvent être la suite du discrédit, le gouvernement français, non-seulement a cherché les moyens de nous en garantir, mais qu'il a encore fait successivement usage des différentes mesures qui sont en son pouvoir, pour ramener et affermir parmi nous la confiance, et pour nous faire ainsi jouir de tous ses bienfaits.

Voyons si, au moyen des mesures prises par le gouvernement et par les Chambres, on a le moindre doute à concevoir sur la solidité de notre dette publique ; si les marques de bonne foi que l'on a données à nos créanciers, depuis quatre années, ne devraient pas suffire pour les rassurer ; si enfin de telles garanties ne sont pas beaucoup plus fortes et bien mieux combinées que tout ce qui a été fait, à cet égard, jusqu'à présent, tant en France que dans l'étranger.

Si une telle discussion ne saurait jamais être oiseuse, elle devient d'autant plus intéressante, dans le temps où nous allons entrer, qu'elle peut être un sujet de méditation pour les Chambres. Essayons encore de l'établir avec tant d'impartialité, qu'on ne puisse contester ni nos principes ni l'exactitude des faits sur lesquels nous les fondons.

Une des mesures les plus importantes consiste dans la régularité du paiement des arrérages. Afin de nous rassurer beaucoup plus sur ce point, la Banque de France a été définitivement chargée de ce service. Non content de faire payer à bureau ouvert, et à l'expiration de chaque semestre, les rentiers de Paris, qui sont beaucoup plus nombreux que ceux des provinces, le ministre a étendu ses sollicitudes sur ces deniers. D'après la prévoyance des mesures prises à leur égard, ils seront payés aussi exactement que dans la capitale ; les correspondans de la Banque ont publié des avis à ce sujet. En agissant dé cette manière, les propriétaires de rentes sur l'Etat seront acquittés aussi exactement que le sont ceux de la Grande-Bretagne, et alors d'une manière bien différente qu'on ne l'avait vu pratiquer jusqu'à présent. Si cette mesure est reconnue pour être très-utile au crédit de l'Angleterre, pourquoi, lorsque son exécution en France exige bien moins d'avances, n'aurait-elle pas la même influence en faveur du crédit, puisque nous remplissons ainsi, à l'égard de nos créanciers, le seul engagement que nous avons contracté envers eux ?

Si, avant nos troubles, le retard qu'éprouvaient nos créanciers, dans le paiement des arrérages, était cause de la grande différence que nous faisions entre les effets du trésor et les engagemens de nos pays d'état, du clergé et ceux de nos principales communes, parce qu'on avait la faculté d'être acquitté des arrérages le jour même de leurs échéances ; qu'il était alors indifférent d'être propriétaire d'écus ou de ces contrats ; puisqu'ils se maintenaient, d'eux-mêmes, à un cours élevé, et que nous pouvions rentrer dans nos fonds à notre volonté, etc. , etc.; aujourd'hui que nous agissons de la même manière, relativement à nos inscriptions, elles doivent donc nous présenter la même sûreté et inspirer la même confiance que celle qu'on avait dans les effets publics dont je viens de parler. Nous devons dès-lors espérer qu'au lieu de garder leurs fonds en stagnation, puisqu'ils n'osent les confier ni à l'industrie, ni au commerce, certains capitalistes de nos départemens placeront leurs économies dans les fonds publics, comme ils le faisaient, avant nos troubles, sur les provinces, le clergé, etc.

Mais, quoique cette exactitude de paiement fût plus que suffisante, le Gouvernement et les chambres ont voulu encore ajouter à cette garantie. On a établi à cet effet une caisse d'amortissement, richement dotée d'un revenu annuel de quarante millions, que l'on a spécialement affecté sur un de nos principaux revenus publics. Le religieux emploi de cette dotation, en augmentant annuellement la quantité de rentes amorties pour la circulation, ajoute nécessairement aux preuves de bonne foi que le gouvernement ne cesse de donner aux créanciers de l'Etat. Nous devons convenir encore que la propriété

des bois en faveur de la caisse d'amortissement, doit accroître nos moyens de libéra-
tion , lorsqu'on les mettra en vente.

Ce que je viens d'exposer résulte de faits
si positifs, qu'on ne saurait les contester.

On se borne à nous répondre, dans ce moment, avec même beaucoup de bonne foi : « le
Gouvernement a fait usage de bien plus de
moyens de crédit que ceux auxquels nous
pouvions nous attendre. La régularité du
paiement des arrérages dans l'étendue du
territoire ne serait-elle pas établie, n'aurait-
on pas augmenté la garantie donnée aux
créanciers de l'Etat, par une caisse d'amortissement et par le don des bois, la rente
serait au même cours où nous la voyons.
Mais la dette publique ne sera-t-elle pas
augmentée, et alors le Gouvernement pourra-
t-il continuer d'en acquitter les arrérages ?
Les besoins publics ne peuvent-ils pas faire
supprimer la caisse d'amortissement? N'est-il
pas reconnu que les gouvernemens ne se
liquident *que par des banqueroutes* ? N'a-
vons-nous pas à craindre de voir recourir
à cette exécrable mesure, comme on le fit
avant le règne de Louis XVI et pendant nos
troubles ? Ce n'est pas le moment présent

que nous avons à redouter, mais seulement l'avenir, et alors la rente est réellement au seul prix qu'on puisse l'évaluer. »

Tel est le langage de ceux qui croient que nos effets publics doivent rester au cours avili de plus de 34 pour 100 de perte.

Mais, opposerons-nous à notre tour, ces objections ont été prévues en très-grande partie, et par le dernier compte rendu, et par les débats auxquels il a donné lieu à la Chambre des députés. On ne s'y est pas borné à nous montrer notre position du moment, mais on nous a présenté encore la gradation de nos besoins, qui ajouteront à notre dette, ainsi que les décroissemens annuels que nous devons espérer. Par ce simple énoncé, le ministère a nécessairement dû penser que nous serions toujours en état d'acquitter les arrérages de nos engagemens présens et à venir, et que non-seulement nous pourrions maintenir la caisse d'amortissement, mais augmenter encore ses ressources de l'intérêt des sommes annuellement éteintes.

On ne saurait rien opposer à des espérances aussi bien fondées; ne détruisent-elles pas même toutes les puériles et fausses appréhensions que je viens de citer?

Ne nous bornons pas à ce que nous venons d'exposer ; examinons matériellement à quelle somme s'élevera notre dette, mettons nos calculs tellement à la portée des esprits les moins versés dans ces sortes de discussions qu'on ne puisse pas les contester.

Notre dette, d'après le tableau que M. de Labouillerie présenta à la dernière session , pourra s'élever, en 1821 , en arrérages de rentes, à . . . . 200,000,000 f.

Il convient de distraire de cette somme les portions de rentes qui appartiennent à des corporations ; je les porterai au *minimum*, à . 38,000,000

Ces sortes d'inscriptions n'ayant aucun rapport avec la caisse d'amortissement, puisqu'il est inutile de les faire profiter de ses *bienfaits*, ne doivent pas être mises au rang des rentes transférables, et que cette caisse peut acheter lorsqu'on les met en vente.

Les rentes transférables seront donc, en 1821, de. 162,000,000

Report d'autre part.   162,000,000 f.

Au moyen des . . .   57,000,000
que la caisse d'amortissement aura achetés , ces arrérages décroîtront au point,
qu'en 1826 ils seront ré- ———————————
duits à . . . .   105,000,000 f.

Pour éteindre le capital représenté par
cette somme , il nous restera une caisse d'a-
mortissement , dotée annuellement d'un revenu de 40 millions , plus du montant des
intérêts combinés de la rente éteinte, dont le
service continuera d'être fait à cette caisse,
et , au besoin , de la propriété des forêts.

D'après la réalité de ces faits, loin d'em-
pirer , ainsi que les hommes qui vraisembla-
blement n'ont jamais fait ces calculs, nous en
donnent les funestes présages, notre position
ne pourra que s'améliorer , puisqu'elle pré-
sentera , en amortissement, environ le quart
du montant des arrérages auxquels pourra
s'élever la dette qui sera transférable en
1821 , plus du tiers des intérêts que nous
resterons devoir , de cette même manière,
en 1826, et qu'enfin la très-grande partie
des dépenses extraordinaires que nous avons
à supporter n'existeront plus.

Comparons actuellement cet état de choses avec celui de toutes les puissances , et nous serons fondés à répéter qu'avec la bonne foi qui préside au conseil du prince, et qui anime les membres des Chambres; que, par le service des arrérages , aussi régulièrement fait que dans ce moment; que ces moyens, aidés d'une caisse d'amortissement, qui fera religieusement l'emploi de sa dotation ; par ces rapprochemens , dis-je , nous serons fondés à répéter que la dette de la France doit être considérée comme celle qui présente le plus de garantie aux créanciers des Etats ; que pour parvenir au rétablissement du crédit, on a fait pour elle de plus grands sacrifices que partout ailleurs ; qu'enfin nous pouvons les continuer, sur-tout si nous organisons nos impôts de manière à les rendre très-supportables, et qu'ils versent au trésor public l'intégralité de leurs recettes; amélioration que je regarde comme très-facile à opérer.

Au lieu de comparaisons générales, bornons-nous , un moment, à en faire de plus particulières , et rapprochons notre dette de celle d'une nation qui fait consister sa principale force *dans la puissance de son crédit.* La dette de l'Angleterre , par son immensité , peut-elle être un seul instant comparée à la nôtre (1)? Acquitte-t-on plus régulièrement, dans ce pays, les arrérages, qu'on le fait en

---

(1) Il n'est pas indifférent de rappeler ce que j'ai énoncé dans un autre écrit concernant la dette de l'Angleterre. Elle s'élève, d'après le tableau qui nous en a été présenté par un publiciste anglais, savoir :

En capital. . . . . 17,220,229,344 fr.

Service des arrérages ainsi que de l'intérêt des effets émis par le trésor. 989,252,404

Anticipation du trésor, engagemens de la marine et de plusieurs autres objets. . . . . 1,463,252,184 fr.

Dépenses ordinaires ou extraordinaires, sans y comprendre la dépense pour les pauvres, à plus de . . . . 2,000,000,000 fr.

Ces dépenses, que l'état de paix diminuera considérablement, ne sont-elles pas effrayantes? ne dépassent-elles pas tous les calculs de probabilité? Si *la puissance du crédit* donne le moyen d'ajouter aux recettes les sommes nécessaires pour acquitter *annuellement* tout ce qui est dû en Angleterre, par quel motif, que je ne saurais prévoir, cette même *puissance du crédit* ne nous prodiguerait-elle pas les mêmes avantages, sur-tout lorsque nos charges sont si inférieures à celles de l'Angleterre, et que nos ressources sont immenses?

France ? N'avons-nous pas, peut-être, mieux opéré encore, en faisant jouir de cette exactitude, et au même moment que dans la capitale, les créanciers de l'Etat qui habitent nos provinces ? Car j'ignore si les créanciers de l'extérieur, en Angleterre, ne sont pas obligés d'aller faire recevoir leurs rentes à la banque de Londres. Quant aux fonds d'amortissement, « le constructeur de cet ingénieux édifice », ou du moins le ministre célèbre qui en a obtenu les plus satisfaisans résultats, les porta-t-il, au premier abord, à une aussi forte somme que nous ? un million sterling, ou vingt-quatre millions tournois, que M. Pitt destina à éteindre la dette de l'Angleterre, peuvent-ils être comparés à 4o millions de francs assignés à l'extinction de la modicité de la nôtre ? Quelque temps après la formation de la Caisse d'amortissement, le ministre anglais ne se trouva-t-il

---

Puisque, malgré cette dette énorme, les 3 p. °/₀ sont depuis long-temps, en Angleterre, au moins au cours de 82 fr., par quels motifs, lorsque nous devons infiniment moins, nos 5 p. °/₀ se maintiendraient-ils au trop bas prix de 65 fr. ? Y a-t-il même des appréhensions qui puissent déterminer l'infériorité de valeur des placemens faits sur nous ?

pas dans la nécessité d'accroître ses revenus d'une somme considérable et de déte:miner une nouvelle mesure générale d'amortissement, pour chaque emprunt qui serait fait à l'avenir ?

Notre Caisse d'amortissement, au contraire, dès qu'elle a été formée, n'a-t-elle pas été pourvue d'une forte dotation conforme à ses besoins présens et à ceux qu'elle pourrait avoir postérieurement? D'après les diverses mesures qui ont été prises, on a donc, pour ainsi dire, épuisé en France toutes sortes de moyens pour parvenir au rétablissement de notre crédit. Nous pourrions ajouter que nos ressources ordinaires, dans l'intérieur, sont bien plus considérables que celles de l'Angleterre.

Qu'il nous soit permis de faire une question à ceux qui nous sont le plus opposés lorsqu'on discute avec eux d'aussi grands intérêts. En quoi consiste le crédit d'un particulier ou d'une nation, leur demanderons - nous? n'est-ce pas dans la confiance du plus grand nombre des créanciers et dans l'acquit régulier des engagemens contractés envers eux? Or, la France n'est-elle pas dans cette position, puisqu'elle a très-peu de propriétaires d'inscriptions qui *pensent même à les aliéner*; qu'elle leur paie régulièrement les arrérages; et qu'elle a ajouté, d'elle-même et volontairement, une caisse d'amortissement qui, par les achats faits annuellement d'une partie de la dette, prouve que l'administration publique cherche à donner les plus grandes garanties à nos créanciers?

Nos services courans ne sont-ils pas acquittés régulièrement?

Les bons du trésor ne sont-ils pas à 5 1/2 d'intérêt par an, en trouve-t-on à la quantité qu'on désirerait; ne sont ils pas très-rares sur la place?

Le crédit des 5 p. o/o, ainsi que celui des effets du trésor, *existent donc par ie fait.* La valeur de nos 5 p. o/o ne saurait donc jamais dépendre des médiocres ventes, réelles ou fictives, qui se font à la bourse. Un Etat serait extrêmement à plaindre, si son crédit reposait plutôt sur ces sortes d'opérations *que dans ce qui.le constitue réellement*, ainsi que nous venons de le présenter.

J'en ai souvent fait la remarque, ce n'est pas le prix de la rente, plus ou moins élevé, qui doit faire quelqu'impression en France, puisque le plus grand nombre de nos créanciers sont si satisfaits de notre conduite à leur égard, qu'ils n'aliènent jamais leurs inscriptions; mais il faut toujours envisager l'étranger. N'étant pas à portée de savoir que ce que nous nommons, si improprement, *le cours des effets publics*, provient d'une modicité de rentes en très-grande partie circulantes le même jour de main en main, et des quantités de ventes fictives qui ne se réalisent jamais, et pour lesquelles, AU MOYEN DU CRÉDIT ET DE LA CONFIANCE, il suffit de s'acquitter ou de se transporter des différences ; en lisant nos cours, dirons-nous, les étrangers doivent nécessairement penser que *nous ne croyons pas nous-mêmes à la solidité de notre dette*, puisqu'ils la voient constamment, chez nous, à un très-bas prix, et qu'ils ignorent les sacrifices que nous faisons sans cesse pour la relever d'un tel état d'avilissement : ils préfèrent alors confier leurs économies à d'autres nations chez lesquelles les effets publics se maintiennent sur un cours respectable; ils s'embarrassent même très-peu de la quotité de leurs dettes, *l'exactitude de payement des arrérages leur suffit*, PUISQUE C'EST LE SEUL ENGAGEMENT CONTRACTÉ ENVERS EUX.

C'est après avoir médité sur l'insuffisance

du mode adopté par la caisse d'amortissement, ou par la loi qui l'a constitué ; c'est
après avoir été convaincu, par l'expérience,
que, malgré la constance de ses efforts, le
gouvernement ne pouvait pas parvenir à
voir nos effets s'élever au cours nécessaire
*pour prouver aux nationaux et aux étran-
gers l'existence du Crédit public*; c'est après
être entré dans toutes ces considérations,
qu'il serait peut-être convenable de faire ba-
lancer l'avilissement de nos inscriptions, au
moyen d'une mesure qui opérerait un amortissement plus avantageux pour le crédit et
pour nos créanciers, que par le mode exis-
tant.

Ce procédé démontrerait encore, d'une
manière bien évidente, que la caisse d'amortissement n'a pas le moindre intérêt à cet
avilissement de prix ; que même elle est très-
éloignée de vouloir en profiter. Dans une
autre circonstance j'ai présenté ce moyen ;
il consiste à *amortir au pair*, par la voie du
sort et à des époques qui seraient invariable-
ment déterminées.

Par cette nouvelle mesure de Crédit très-
morale en elle-même, et qui dès-lors est
dans la pensée du gouvernement, l'admi-

nistration publique afficherait, en quelque sorte, le grand respect qu'elle a pour la dette publique, puisque, *sans faire la moindre attention au prétendu cours de la bourse, elle se libérerait au pair.*

La caisse d'amortissement, de son côté, rendrait, par le fait même, le compte des extinctions qu'elle aurait opérées. Par l'exécution de cette seule mesure, on n'entendrait plus les soupçons *nuisibles au crédit,* qu'on a l'injustice d'avoir, en disant *qu'on n'amortit pas.* Nous n'aurions pas alors besoin d'attendre à la session prochaine pour connaître *le religieux emploi* que les administrateurs de la caisse ont fait de la dotation qui leur a été confiée. Il est difficile de se refuser à l'idée que l'adoption de cette mesure ne produirait pas les meilleurs effets pour le crédit.

Mais, quelques contradicteurs à idées si rétrécies, qu'ils ne savent pas apprécier l'utilité de voir les fonds publics AU PAIR, par les avantages qui en reflueraient de suite sur chacun de nous, nous diront : «Tout en cherchant à remplir l'objet de son institution, *la hausse des effets publics,* pourquoi la caisse d'amortissement ne profiterait-elle pas de la circonstance, pour faire de plus forts bénéfices et éteindre alors bien davantage ? de telles opérations ne sont-elles pas très-morales ?

Quand on est vraiment pénétré du sentiment des hommes de bien , qu'il est facile de répondre à la futilité , à l'immoralité même de ces sortes d'objections, et de remplir ainsi les intentions du gouvernement!

D'abord, dirons-nous, les administrations publiques ne pensent jamais à faire des bénéfices sur les citoyens ; dans aucun cas ce mot *bénéfice* ne saurait leur convenir. Elles doivent se borner à organiser les impôts de manière à les rendre les moins à charge possible ; que les recettes en provenant soient versées intégralement dans leurs trésors ; qu'avec ces produits elles s'acquittent très - exactement de leurs obligations. Ces autorités peuvent même se livrer à des économies, pourvu, toutefois, que ces réductions de dépenses soient conformes à la dignité de l'État, qu'elles ne nuisent pas à un très-grand nombre de citoyens ; que, sur-tout, ces économies ne puissent jamais donner à entendre que, lorsqu'on a réellement rendu des services , pendant un espace de temps considérable , on n'a pas de droits acquis aux récompenses publiques. Une telle détermination , qu'elles ne sau-

raient jamais prendre, deviendrait très-pré-
judiciable, puisqu'elle pourrait être cause
que beaucoup de citoyens s'éloigneraient
des emplois pour lesquels ils semblent être
faits, et qu'ainsi on serait privé des services
qu'ils sont en état de rendre. Dans le peu de
mots que je viens d'énoncer, j'ai tracé la
marche que désirent suivre les ministres des
divers états, et ils ont assez à faire en rem-
plissant, d'une manière aussi utile, et les
vœux de leur gouvernement et ceux des
peuples.

Relativement aux *bénéfices*, les ministres
rejeteront toujours jusqu'à l'idée d'en faire
opérer par les administrations publiques; ils
sont persuadés qu'il est toujours avantageux de les laisser faire par les diverses
classes de la société. Lorsque par des opérations multipliées, même au moyen de celles
faites avec les gouvernements, tout le monde
travaille et obtient *des bénéfices*, ils sont tôt
ou tard repompés, en très-grande partie, par
le trésor. Dans cette heureuse position, on
n'y regarde plus d'aussi près, quand il s'agit
d'acquitter les impôts, n'importe la somme
à laquelle ils s'élèvent; et lorsque des circonstances exigent des dépenses extraordi-

naires, les gouvernemens ont la satisfaction de voir venir au-devant de leurs besoins, par des offres de service qu'on leur fait à bas prix.

Quant à la seconde partie, nous ne saurions concevoir qu'il y ait beaucoup de moralité à acheter à une très-forte perte ce que les citoyens ont PAYÉ AU PAIR, sur-tout lorsque la plus grande partie de ces créanciers a déjà éprouvé une diminution *des deux tiers sur le capital et sur le revenu de ce qui leur est dû* : abus de pouvoir dont nous ne nous serions jamais ressentis sans nos troubles. Dans cette fâcheuse position pour nos créanciers, pourquoi profiterait - on ainsi de leurs malheurs? peut-on disconvenir qu'ils ne vendent *à un prix aussi avili* que parce qu'ils ont des besoins pressans?

Puisqu'il s'agit d'augmentation ou de diminution de bénéfices, on ne saurait penser que parce qu'elle éteindrait AU PAIR, la caisse d'amortissement diminuerait beaucoup ses prétendus avantages. En destinant 40 millions à la réduction des fonds publics au cours avili de 60 francs, par exemple, elle achèterait en rentes . . . . . 3,600,000 francs.

De l'autre part . . . . 3,600,000 fr.

Par l'opération au pair,
elle amortirait 2,000,000

Ce qui établirait une
différence de. 1,600,000

Il est vrai qu'en opérant de cette manière, nous resterions devoir quelques rentes de plus. Mais quel est celui d'entre nous qui ne préférerait pas acquitter, au moyen de l'impôt, une faible partie de ces rentes, que de voir nos effets publics à un cours si avili, *qu'il nous porte le plus grand préjudice ?*

Quel est celui d'entre nous qui ne préférerait pas voir que les effets publics se maintinssent sur la place à 5 ou à 4 p. 100 ; qu'à ce prix il fût indifférent aux capitalistes d'avoir des espèces ou des effets publics, puisqu'ils pourraient les réaliser à leur volonté ? Quel est celui enfin qui ne serait pas satisfait de l'embarras des capitalistes pour les placemens de leurs fonds, et de leur voir donner la préférence à l'industrie et au commerce parce qu'ils en obtiendraient un plus fort intérêt ? Le taux des fonds publics n'influe-t-il pas sur l'intérêt particulier, et ne reviendra-t-il pas au cours ordinaire, lorsque la confiance publique sera rétablie ? Si *par le moyen de l'amortissement au pair* nous pouvons parvenir à élever nos fonds publics à un taux respectable , et à faire baisser le prix de l'intérêt, il y aura donc tout à gagner de s'arrêter à ce moyen d'extinction, au lieu d'amortir d'après le prétendu cours de la bourse. L'administration publique , en obtenant ainsi les avantages qu'elle doit attendre de ses sacrifices pour nous accréditer, ne sera-t-elle pas bien dédommagée de la légère différence qu'il y aura *de l'amortissement* AU PAIR , ou dans celui qui serait fait au cours?

N'avoue-t-on pas assez authentiquement même, « qu'il n'y a aucun motif qui puisse donner lieu à un tel avilissement de nos 5 p. o/o. » On ne peut pas donc en considérer le prix COMME ÉTABLISSANT LE CRÉDIT. C'est enfin à tort que beaucoup de personnes fondent leur opinion , à ce sujet , sur les marchés faits à la bourse ; et ne devraient-elles pas penser qu'il est presque toujours déterminé par l'intérêt des joueurs , plutôt que par la confiance qu'inspire la conduite du gouvernement?

Beaucoup de personnes m'ont fait de nouvelles observations sur le mode de Crédit que je crois devoir être ajouté aux mesures existantes, pour que les revenus annuels de la caisse d'amortissement soient employés à éteindre, AU PAIR, *au lieu d'acheter des rentes au cours de la place*. Il m'a même paru, dans les discussions que j'ai soutenues à ce sujet, que mes contradicteurs ne considérant que le trésor public et jamais l'intérêt des citoyens, trouveraient avantageux de voir la caisse d'amortissement continuer de faire *sur nous* de plus forts bénéfices *qu'elle ne le désire*. Je crois pouvoir assurer que les administrateurs de cet utile établissement *de Crédit* sont tellement de mon opinion, qu'ils se trouveraient très-heureux de ne pouvoir éteindre, sur la place, qu'au cours de 5 ou 4 p. o/o, au lieu des cours aussi avilis que ceux où nous voyons nos 5 p. o/o.

Les objections enfin qu'on m'a adressées sont de nature à me forcer d'ajouter à ce que je viens d'exposer, et je dirai que par l'extinction *au pair* la valeur de la dette augmentera, ou qu'elle la laissera à un cours aussi avili que dans ce moment. Dans tous les cas, ne sommes-nous pas fondés à penser que ceux qui, chaque six semaines, par exemple, seraient remboursés dans leur ensemble, de cinq millions, et au pair, se présenteraient au même instant à la Bourse pour se remplacer, puisqu'il serait difficile aux uns de faire un meilleur emploi de leurs fonds, et aux autres de se livrer à une spéculation plus avantageuse, dont ils chercheront à courir de nouveau le hasard? Il faut être ou d'un aveuglement, ou d'un entêtement, ou enfin d'une mauvaise foi extrêmes, pour ne pas convenir que ce grand concours d'acheteurs serait très-influant pour faire éprouver une forte hausse. On doit convenir aussi que nous éprouverions ces mêmes bons effets, les jours qui précéderaient ces tirages. Cette mesure exécutée ne nous donnerait-elle pas l'espoir que nos effets seront toujours maintenus au cours respectable qui doit constamment appartenir à une nation telle que la nôtre? ce serait un moyen de plus à opposer à ceux qui croyent qu'il nous sera impossible de nous relever de notre discrédit, et qui seraient peut-être trop satisfaits de voir nos effets publics se maintenir à des cours très-avilis; nous déjouerions, par la prévenance d'une telle mesure d'extinction au pair, les efforts de la malveillance, en parvenant enfin à élever nos effets aux prix de leurs créations.

Supposons un moment que, par l'exécution de cette simple mesure , qui n'exige aucune combinaison financière, et qui sera généralement approuvée , nos effets publics se rapprochent *du pair* s'ils ne le surpassent pas. Dans cette supposition, n'est-il pas de la dernière évidence que la fortune publique, *toujours composée de celle des particuliers*, éprouvera d'abord un accroissement subit et très-remarquable?Ensuite, ce qui vaut aujourd'hui je suppose 65 *francs*, ne pourra-t-il pas être vendu demain 100 francs ou environ , puisque la caisse d'amortissement rembourserait cette même somme ? Ces accroissemens de valeurs dans la circulation ne doivent-ils pas produire les meilleurs effets pour le crédit , chez les capitalistes de l'étranger et chez les nôtres ? n'ajouteraient ils pas à notre aisance ?

N'avons-nous pas vu, de nos jours , le subit accroissement de richesse qu'éprouva la Nouvelle-Angleterre , lorsqu'après sa révolution ses effets publics se trouvaient réduits à des cours beaucoup plus avilis que les nôtres? Par la confiance qu'inspira la sagesse de son administration , ses effets ne s'élevèrent-ils pas *au pair* avant la fin de l'année ?

Quelle meilleure preuve pourrai-je donner de ce que j'avance, qu'en retraçant, à ce sujet, les expressions dont se servit M. le prince de Taleyrand, dans le rapport qu'il fit sur les finances en 1814, à la Chambre des Pairs.

« Sortant d'une révolution et d'une guerre sanglante et ruineuse, ce pays avait encore à lutter contre tous les embarras que laisse après lui *un misérable papier monnaie*. Ses terres étaient sans culture et sans acquéreurs ; la population n'excédait pas deux millions et demi d'habitans ; le gouvernement avait à pourvoir à un arriéré de 70 millions de dollars, c'est-à-dire 385 millions de francs. *Le capital de la dette se vendait difficilement de 10 à 12 pour 100.* C'est dans cette position que les Etats-Unis, pénétrés des grands et nombreux avantages de la fidélié à tenir ses engagemens, ont pourvu au payement des 70 millions de dollars. *Un an après* les mêmes fonds qui pouvaient être achetés à 10 ou 12 pour 100 de leur valeur nominale, *étaient au pair. La fortune publique se trouva augmentée immédiatement de 346 millions de francs.* »

» Cette résolution créa, comme par enchantement, des capitaux qui sont le premier besoin d'un pays, *après une révolution*

2*

dont tous les actes tendent toujours à les
détruire. Bientôt l'intérêt de l'argent rentra
dans des proportions convenables : les agri-
culteurs, les manufacturiers, les commer-
çans trouvèrent chez les capitalistes (et on
aurait pu ajoûter dans les banques,) des se-
cours plus étendus, avec lesquels ils purent
donner plus de développement à leur entre-
prise. »

Avant la réunion de la Hollande, et que
nous eussions réduit sa dette par l'exécution
de la fausse mesure que nous avions eu l'im-
prudence de prendre en France pour diminuer nos créances, ce qui a porté un si grand
préjudice à notre crédit ; avant cette époque,
et malgré les dépenses extraordinaires que
nous faisions faire aux Hollandais, et qui
étaient renouvelées sans cesse, malgré les
sommes énormes que nous en exigions, et les
impôts dont ils étaient accablés, leurs effets
publics ne se maintenaient-ils pas à un cours
respectable? L'existence de ce crédit n'était-il
pas dû à la bonne foi qui présidait à tous les
actes de l'administration publique de ce
pays ?

Si nous comparons les engagemens de
l'Angleterre ; des Etat-Unis et de la Hol-

lande , ainsi que les moyens qu'avaient ces pays d'acquitter leurs dettes, avec les ressources de la France , peut-on disconvenir que ces diverses nations devaient des sommes plus considérables que nous ? Par quel motif ne serions-nous pas fondés à obtenir *les mêmes ressources de crédit* que ceux que je viens de citer, surtout lorsque, après nos troubles, *et même pour les faire oublier,* nous donnons d'aussi grandes marques de bonne foi que l'ont toujours fait les administrations publiques dont je viens de parler , et que, non contens *de notre exactitude envers nos créanciers,* nous ajoutons sans cesse des mesures qui peuvent assurer davantage leur garantie?

Les placemens sur les effets publics ainsi que sur les biens fonds, sont deux principales branches de propriété de la plus grande importance par leurs rapports avec la prospérité publique des états ; elles doivent donc fixer constamment l'attention des économistes. De leur côté, les administrations publiques ne sauraient jamais trouver déplacé d'être excitées à user de tous les moyens qu'elles ont en leur puissance, pour que non seulement *ces richesses réelles* ne diminuent jamais de leur valeur , mais même qu'elles augmentent de prix. Il me paraît facile de parvenir à de tels résultats, en adoptant toutes les mesures qui doivent les amener, c'est-à-dire en maintenant, autant qu'il peut être possible, les capitaux des rentes au même prix de leur création, et en prenant des mesures relativement à la seconde partie, pour que l'impôt soit organisé de manière que les possesseurs d'immeubles ne puissent jamais concevoir la moindre crainte sur l'intégralité de leur prix ; que leurs contributions foncières ne puissent jamais s'élever au-delà de ce qu'elles devraient être. Alors ils auront un grand intérêt à continuer d'être propriétaires ; ils se livreront à des améliorations qui, par l'augmentation de revenu qui en sera nécessairement la conséquence, ajouteraient à leur aisance et à celle des habitans des campagnes, qui par ces travaux auront beaucoup plus d'occupation. Enfin, par la sagesse de ces mesures, les biens-fonds, lors de leur aliénation, seront vendus de manière à ce que leur prix produise des augmentations de recettes au fisc.

Je me propose de démontrer dans un travail que je destine à cet effet, les avantages que nous aurions le droit d'attendre d'une

très-bonne mesure concernant la contribu-
tion foncière, et dans lequel je démontrerai
la facilité que nous avons de diminuer cet
impôt et de remplacer cette diminution par
d'autres recettes qui seraient peu onéreuses.

Nous arrêterons-nous un instant aux spéculations particulières du jeu ? je dirai que
nous avons cela de commun avec toutes les
nations qui ont des dettes publiques. J'ajou-
terai qu'il est toujours plus utile que dangereux de leur laisser la plus grande latitude,
parce que ces sortes d'opérations sont toujours volontaires. Mais en adoptant la mesure
que je propose d'ajouter à celles existantes,
et en supposant les succès que nous avons
le droit d'en attendre, nous devons penser
qu'il se fera au moins autant d'affaires en
5 p. o/o, à un prix élevé qu'à un cours
très-avili. Au moyen de la confiance et du
crédit leur nombre augmentera même, dès
qu'il n'y aura plus autant de craintes à avoir,
ni de risques à courir que ceux où nous avons
vu exposés nos spéculateurs, dans de forts
mouvemens de hausse ou de baisse. Puisque la
très-grande partie de ces opérations se fait
par *le crédit et par la confiance*, les mêmes
moyens que dans ce moment n'existeront-ils

pas ? Les différences qu'on s'acquitte respectivement, seront elles plus élevées que celles où nous les voyons dans ce moment ?

Le cours des 3 p. o/o consolidés est coté, depuis long-temps, en Angleterre, à plus de 82 francs. A ce prix élevé ne se fait-il pas à la bourse de Londres au moins autant d'affaires qu'à Paris ? Ainsi donc , les spéculateurs n'ont aucun risque à courir. Les effets SERONT AU PAIR , puisqu'alors, je le répéterai , nous verrons beaucoup plus d'opérations de cette nature que dans ce moment. Les intérêts des joueurs seraient donc liés à ceux du gouvernement. Le contraste frappant qui existerait en voyant dans une même feuille publique, d'une part le remboursement AU PAIR, de l'autre le cours avili ; ce contraste, répéterons-nous sans cesse , serait la preuve que le prix de nos inscriptions ne doit pas consister dans celui établi par *les marchés de la bourse*, mais qu'il faut toujours les considérer d'après leur valeur réelle, puisqu'on en acquitte exactement les arrérages , et d'après la confiance que le gouvernement veut inspirer en faisant, à cet égard, sacrifices sur sacrifices, et étant disposé à y ajouter s'ils ne suffisaient pas. Cette mesure d'amortissement AU PAIR est enfin la meilleure qu'on puisse mettre en usage pour *le Crédit*, et elle sera préférable à toutes celles dont on s'est servi jusqu'à présent pour parvenir à élever le crédit de nos effets publics. Si nous voulons y réfléchir quelques instans ; nous verrons qu'ils ne sont avilis que dans l'opinion de quelques personnes seulement, et d'après leur mauvaise foi.

Du Paiement de l'Arriéré considéré dans ses rapports avec le Crédit, ainsi que des avantages que retirera l'industrie et le commerce de cet acte de justice.

Un arriéré est le plus ordinairement dû à une quantité très - considérable d'hommes industrieux et à grandes entreprises. Par leur genre de spéculations, ces individus attachent encore à leur sort présent et à venir un bien plus grand nombre de citoyens ; les uns, par les espérances qu'ils ont dans ces sortes d'opérations ; les autres, par des avances pour lesquelles on exige des intérêts correspondans aux bénéfices que l'on présume ; ceux-ci par les livraisons de leurs denrées ou objets manufacturés ; ceux-là, par des salaires de main-d'œuvre, ou par des appointemens qu'on leur doit, et qui sont le dédommagement des services qu'ils ont rendus. Qu'on juge de la position vraiment affligeante de ce nombre infini de citoyens, exerçant tous des professions différentes qui leur donnent des rapports avec tant d'autres genres d'industrie ; qu'on juge de leur position, lorsque les uns et les autres ne peuvent payer leurs dettes personnelles qu'autant que, de son côté, l'administration publique aura été juste en s'acquittant de ses engagemens ! Qu'on fasse ces réflexions, et l'on se convaincra que les administrations publiques ne peuvent jamais, impunément, donner même à entendre qu'elles ne veulent pas remplir leurs promesses. Enfin, si des événemens imprévus les mettent dans la pénible nécessité de les différer, elles doivent s'imposer le devoir de se liquider *le plus promptement possible*, et à des conditions *les plus favorables* pour leurs créanciers.

Il est en administration un grand principe d'équité dont les gouvernemens ne doivent jamais se départir, parce que, en éprouvant la satisfaction de s'acquitter exactement, ils répandent dans la société les plus grands bienfaits ; principe dont leurs ministres devraient être toujours pénétrés. Quoique ce soit celui de l'administration actuelle de la France, et que nous en ayons acquis la preuve par la conduite qu'elle a tenue envers tous nos créanciers indistinctement, je crois devoir fortifier ce principe en citant à ce sujet un passage d'un publiciste anglais :

« Chaque livre sterling qui sort de la bourse du gouvernement, donne naissance, *dans les différens canaux de la circulation* qu'elle parcourt, *à quelque travail, et par conséquent à un nouveau produit.*

» Le créancier de l'Etat peut, avec l'argent qu'il reçoit du gouvernement, *donner du travail à plusieurs classes de la communauté* qui se livrent aux arts mécaniques. Les individus dont ces classes se composent, emploient à leur tour, l'argent qu'ils gagnent, à acheter les choses nécessaires à leurs différens besoins, *et c'est ainsi que chacun contribue* à augmenter la masse du fonds général de la société; ce que l'on a pu facilement observer dans l'état de prospérité auquel le peuple est arrivé dans la circonstance actuelle. »

En effet, que représente, pour un gouvernement, la somme qu'il emploie pour l'acquit d'un arriéré où, lorsque ses ressources ne suffisent pas, il y supplée en recourant à des mesures de crédit au moyen des emprunts publics ? Dans ce dernier cas, il lui suffit de payer les intérêts et de s'acquitter ensuite, insensiblement, du capital emprunté, dans les temps qui seront conformes aux conditions de l'emprunt.

Mais pour les citoyens, lorsqu'on ne s'acquitte pas envers eux, surtout lorsque l'on *établit des arriérés indéfinis*, on les met dans des embarras si extrêmes, qu'il faut toujours en prévoir les funestes conséquences. Dans le nombre de ces créanciers, certains se livrent au plus affreux désespoir, parce qu'ils ne sauraient résister, ni aux malheurs qui les oppriment, ni à leur deshonneur, ne pouvant pas, de leur côté, remplir leurs engagemens, tandis qu'au contraire ces fonds, répandus dans la société, produisent des bénéfices incalculables, et dès-lors les administrations publiques sont amplement dédommagées de leurs *sacrifices*, si on peut appeler de ce nom l'acquit de leurs engagemens.

Il est vrai qu'au moyen de l'intérêt de l'emprunt qu'il aura fait pour s'acquitter, le gouvernement ajoutera à ses dépenses par les arrérages qu'il s'oblige d'acquitter à ces nouveaux prêteurs ; mais d'un autre côté il éprouvera de grandes économies par le bas prix auquel il obtiendra les divers objets nécessaires à ses besoins , ainsi que par la moralité de ceux qui, lors de leurs offres , se contenteront de bénéfices ordinaires. Dans son rapport sur les finances, à la Chambre des pairs , M. Garnier démontra tous les avantages de cette exactitude. Ils sont enfin tels, ainsi que nous le voyons en Angleterre , que lorsqu'on est informé que des maisons de commerce travaillent avec le gouvernement , leur crédit augmente , parce qu'elles multiplient leurs affaires ; tandis que nous avons été les témoins du contraire , en France , par la crainte où l'on était de voir perdre nos divers fournisseurs s'ils n'étaient pas payés exactement, et de faire éprouver de bien plus considérables pertes à leurs soustraitans. En faisant les services, ceux-ci font en même-temps les avances nécessaires ; dès-lors on doit les considérer comme les vrais capitalistes qui ont confié leurs fonds : et lorsqu'on ne paye pas, la perte retombe beaucoup plus sur ces derniers que sur ceux qui ont traité avec l'administration. Par le discrédit enfin, telle maison qui, auparavant, dans ses spéculations ordinaires, faisait son papier à un taux ordinaire, voyait subitement baisser tellement sa confiance, qu'elle n'obtenait des fonds qu'à des prix très-élevés, etc., lorsqu'on la savait engagée dans des fournitures ; par cette hausse on cherchait à se dédommager des dangers dont on courait les hasards.

C'est après être entré dans de telles considérations, c'est après avoir réfléchi sur le tort irréparable et effrayant en même-temps, qu'éprouverait la société en se voyant privée d'un capital aussi immense que celui représenté par un arriéré, que, *sans s'arrêter aux époques où ces dépenses ont été faites*, LE ROI A VOULU QU'ELLES FUSSENT ACQUITTÉES. Par cet acte de justice, chacun de nous peut faire la grande différence qui existe entre l'ordre actuel des choses, et la conduite constamment tenue, envers leurs créanciers, par les administrations précédentes.

Conformément aux intentions du Roi, le ministère présenta des mesures en 1814 pour acquitter les créanciers de l'arriéré : malgré la bonne foi de cette proposition, l'expérience prouva que ces moyens ne pouvaient remplir ni notre attente, ni celle du gouvernement.

L'année d'après il fut décidé, par la législature, que l'arriéré serait acquitté en rentes nominales ; cette mesure ne fut pas réalisée. En faisant éprouver de trop fortes pertes à nos créanciers, elle était très-éloignée des principes du gouvernement.

En prenant des délais indispensables, la troisième législature s'est arrêtée au seul parti convenable dans les circonstances, et les créanciers de l'arriéré seront acquittés de ce qui leur est dû en capitaux et intérêts, dans un espace de temps déterminé. Ces paiemens auront lieu en numéraire ; et si on n'a pas la quantité d'espèces nécessaires, on leur délivrera des rentes au cours de la place, ce qui revient au même.

Les ministres doivent en même-temps liquider, le plus incessamment possible, tout ce qui concerne l'arriéré de leurdépartement.

On ne saurait disconvenir que de ces trois décisions successivement adoptées, la dernière est préférable. Ce parti est le seul auquel il soit possible de s'arrêter définitivement, puisqu'il n'exige *aucun sacrifice de la part des créanciers* DE L'ARRIÉRÉ, et qu'il est alors conforme aux vrais principes d'une bonne administration. *Ce moyen doit donc exercer nécessairement une grande influence sur le crédit.*

Dans le nombre de nos créanciers de l'arriéré, les uns satisfaits d'être rassurés sur leur sort à venir, se bornent à la remise de leurs titres, et ils attendent leur liquidation, ils craindraient même d'en voir livrer en même-temps une trop forte quantité, parce que, disent-ils, on présenterait sur la place de trop fortes émissions de ces titres, qui diminueraient leur valeur.

Des besoins de la dernière urgence sont cause, au contraire, que d'autres pressent pour qu'on apure leurs comptes.

Ceux-ci ayant leurs capitaux libres de toutes créances, désirent pouvoir s'en servir pour se livrer à de nouvelles entreprises.

Les prétendus encombremens de la place effrayent si peu ces deux dernières classes de créanciers, que les uns, dussent-ils perdre en vendant, espèrent avoir recouvré, par leurs bénéfices à venir, beaucoup plus que le montant de leurs sacrifices au moment où ils recevraient leurs remboursemens ; que les autres seront extrêmement soulagés lorsque, même en éprouvant des pertes, ils parviendront à leur tranquillité.

Si nous nous arrêtons aux craintes de ces premiers créanciers ainsi qu'aux désirs de ceux qui ont des besoins pressans ou qui désirent être liquidés, nous avouerons que ces derniers doivent d'autant plus exciter l'attention des ministres que, dans ce nombre, il y en a beaucoup qui sont tourmentés par leurs dettes. Dès-lors nous devons leur porter un si grand intérêt, que nous pensons qu'il serait extrêmement utile, pour eux, de se hâter de leur remettre un titre positif qui leur rapporterait un intérêt annuel, dont ils seraient aussi exactement acquittés que le sont les propriétaires de nos cinq pour cent. Nous ne devons pas même nous embarrasser des craintes d'encombrement que l'on témoigne. Il n'est pas juste d'ailleurs de prendre une mesure rassurante pour les uns et nuisible pour les autres, sur-tout lorsque la position d'une grande partie de ceux-ci devient de jour en jour plus pénible par les retards qu'ils éprouvent. Quant aux autres, s'il leur est possible d'attendre, ils n'ont aucune crainte à avoir, puisqu'ils n'ont qu'à garder leurs titres jusqu'aux époques où ils doivent recevoir leur remboursement.

Quant au trésor, il ne peut définitivement

rien arriver de défavorable pour lui d'une forte émission de ces effets, parce qu'il sera toujours obligé d'acquitter le principal aux échéances, n'importe le nombre d'acheteurs par les mains desquels ces titres seront passés, ou ceux qui les auront gardés. Si les uns perdent à ce trafic, les autres gagnent, et pour la société c'est une chose très-indifférente ; enfin chacun trouvera son compte en faisant ces sortes de transactions.

« Laissez faire, » a-t-on dit dans le second numéro du journal *des Prix-Courans*. Ces deux mots sont un grand axiome, dont les administrations publiques ne devraient jamais se départir, parce qu'ils renferment tout ce qui peut le plus favoriser l'industrie et le commerce. Les économistes devraient même les prendre pour devise chaque fois que chez les diverses nations on prendrait de fausses mesures qui pourraient mettre des entraves à ces deux branches de la prospérité publique des états.

Liquidons donc le plus incessamment possible ceux qui désireraient l'être ; ajoutons cette nouvelle preuve d'intérêt aux mesures qui ont été prises, jusqu'à présent, en faveur de nos divers créanciers. *Laissons leur faire*

ce qu'ils croiront leur être le plus avantageux ; n'ayons aucune crainte , je le répéterai
encore , des prétendus inconvéniens que ,
sans les avoir calculés, beaucoup trop de personnes disent qu'éprouverait la place , par
de trop fortes émissions des bons de liquidation. *Laissons-les faire*, et débarrassons nous
à jamais de la manie révolutionnaire de vouloir tout régenter , *jusqu'à nos intérêts particuliers.* Enfin , en montrant un tel empres-
sement, réduisons au silence ceux qui croyent
et qui disent même hautement, que la liquidation est *un vain mot;* qu'elle ne se réalisera
jamais , et qu'on retarde pour mieux tromper
les créanciers , et d'agir comme on eut l'im-
prudence de le faire , il y a quelques années,
par un *arriéré indéfini.*.

La liquidation de ce qui peut être dû de
l'arriéré , les mesures prises à cet effet , celles
qu'on ajoutera si elles sont nécessaires , sont
donc de nouvelles preuves de la justice du
gouvernement , de l'intérêt qu'il porte à nos
créanciers , et de la confiance que , par sa
conduite , il désire inspirer.

Rentrant dans la possession de capitaux
dont ils sont privés depuis long-temps,
et sur lesquels on a semé tant d'alarmes,

l'Industrie et le Commerce, de leur côté, propriétaires de la plus grande partie de ce qui est dû en arriéré, obtiendront par de telles restitutions de nouveaux moyens de circulation, dont les bons effets doivent nécessairement se faire ressentir sur chacun de nous (1).

En résumant tout ce que je viens d'exposer relativement aux mesures de crédit prises par notre administration pour forcer la confiance à reparaître et à nous prodiguer ses bienfaits, nous verrons :

Que la principale mesure de nous ACCRÉDITER a été réalisée, puisque nous nous acquittons du SEUL ENGAGEMENT QUE NOUS AYONS CONTRACTÉ ENVERS NOS CRÉANCIERS, *celui du paiement des arrérages, et qu'il s'effectue, au même moment, dans chaque département de la France ;*

Que sans nous arrêter à l'étendue de nos dépenses ordinaires et extraordinaires, *nous les avons augmentées de nous-mêmes sans y être forcés,* en formant une caisse d'amortis-

____

(1) Lorsque j'écrivis en 1814, je proposai, pour acquitter l'arriéré, la même mesure que celle qui est venue, en 1817, à la pensée des membres de la commission des finances de la Chambre des députés.

sement solidement constituée par l'abandon d'un de nos principaux revenus publics, dont l'emploi est religieusement fait; dotation qui s'accroîtra chaque année par l'intérêt combiné des arrérages éteints pour la circulation, que cette caisse continuera de recevoir (1).

Lorsqu'à ces mesures beaucoup plus que suffisantes pour que nos créanciers ne puissent avoir aucune crainte, ni sur notre bonne foi, ni sur les garanties que nous leur avons données; lorsqu'à ces mesures, dis-je, nous avons ajouté la propriété foncière des bois;

Lorsque nous payons le mieux qu'il nous est possible, en capitaux et en intérêts, les dettes de l'arriéré dont la très-grande partie concerne les administrations publiques *qui ont été le plus opposées à celle qui nous régit;*

Lorsqu'à son arrivée, la justice du Monarque lui fit rejeter les perfides conseils qui lui furent donnés, de ne pas acquitter ces sortes de dettes; qu'effrayé des catastrophes incalculables qu'entraînent toujours avec elles les banqueroutes, ce Prince préféra de respecter la foi promise généralement à toutes les classes de nos créanciers (2);

____

(1) Voyez, pag. 54, la note (A).

(2) Nous profiterons de cette circonstance pour

Lorsqu'on n'exige aucun sacrifice de ces créanciers, et que le gouvernement et la législature ont reconnu l'intégralité de leurs dettes ;

Lorsqu'enfin de telles mesures de crédit sont définitivement adoptées ; qu'elles sont conformes au vœu et à l'honneur national ; lorsqu'on serait même disposé à les augmenter, s'il était nécessaire ;

D'après l'exactitude de tous ces faits, ne devons-nous pas être très rassurés sur la solvabilité de l'état, et peut-on même entendre prononcer, parfois, le mot infâme de *Banqueroute !*.....

---

rappeler que, lors de son avénement au trône, Louis XVI rejeta aussi les propositions de *banqueroute* qui lui furent faites : cet infortuné monarque préféra la gêne du trésor royal à la prétendue aisance qu'il aurait eue en ruinant les créanciers de l'Etat, en manquant ainsi à la foi promise et au respect dû à la mémoire de ses pères. En tenant cette conduite, avant nos troubles et dans ce moment, nos rois se sont encore conformés au vœu national, et nous ne devons jamais oublier que lorsqu'on nous convoqua en 1789, il n'y eut qu'une seule voix, dans l'étendue de la France, pour que des mesures fussent prises afin d'acquitter toutes nos dettes.

Nous persistons donc dans l'opinion que le Crédit public de la France ne saurait jamais consister dans le cours avili de la médiocrité des ventes réelles ou fictives de nos effets, qui se font *sur le marché de la Bourse* (1) ; mais qu'il doit, au contraire, être fondé sur ce qui forme l'essence du Crédit, c'est-à-dire, SUR LA CONFIANCE DU PLUS GRAND NOMBRE DES CRÉANCIERS, ET SUR L'ACQUIT DES ENGAGEMENS CONTRACTÉS ENVERS EUX.

Nous sommes dans cette position : le crédit dû à nos 5 p. o/o ainsi qu'aux dettes de l'arriéré et aux effets émis par la Trésorerie, EXISTE PAR LE FAIT. Nous ne saurions prévoir les objections qu'on pourrait élever contre l'évidence des faits que nous venons d'énoncer, et qui ont servi de titre à notre discussion sur une des parties les plus importantes de l'économie publique, *puisque le Crédit intéresse toutes les classes de la société.* Le gouvernement adoptera toutes sortes de moyens pour en affermir la puissance.

------

(1) Voyez, pag. 57 , la note (B).

(54)

NOTES.

(A) Les économistes ne sont pas d'accord sur le temps qu'il convient le mieux de choisir pour former une caisse d'amortissement. Les uns prétendent que l'on ne doit même y penser que lorsque l'on est dans l'aisance, et qu'alors on peut y employer, sans le moindre inconvénient, l'excédant des revenus de l'État. Pourquoi, ajoutent-ils, augmenter considérablement les dépenses publiques, lorsqu'on peut à peine parvenir à acquitter celles existantes, etc., etc.?

Les autres pensent, au contraire, que le moment le plus favorable pour la formation de ces établissemens est celui *où le crédit est le plus chancelant.* « En temps ordinaire, disent-ils avec raison, les effets publics se maintiennent sur un taux respectable ; les choses vont alors d'elles-mêmes et les capitalistes regardent qu'il leur est égal d'être propriétaires d'écus ou d'effets publics ; que d'un moment à l'autre ils peuvent réaliser au pair. Dans cette position, il est indifférent qu'il y ait une caisse d'amortissement ou qu'elle n'existe pas. »

» Il n'en est pas de même lorsque *ce qu'on nomme le crédit,* n'est pas bien établi, c'est-à-dire, quand *par le seul fait du jeu* les fonds publics sont maintenus à bas prix, effet toujours inséparable des révolutions qui ont tellement bouleversé l'ordre social, que les administrations publiques qui leur succèdent, se trouvent dans la position pénible de renouveler sans cesse leurs efforts pour le rétablir.

Reportons-nous aux époques où le ministre anglais

crut devoir donner *la plus grande force de crédit à la caisse d'amortissement qu'il organisa pour le présent et pour l'avenir*. Nous verrons que ce fut au moment où on élevait des doutes de toute part sur le crédit de la Grande-Bretagne.

Non content de chercher à soutenir les effets publics, M. Pitt agit encore beaucoup mieux. Le discrédit public, momentané, nous devons nous en souvenir, exerçait une telle et fâcheuse influence sur le crédit particulier, que beaucoup de capitalistes retiraient les fonds qu'ils avaient prêtés à l'industrie et au commerce. Ce ministre, persuadé de la grande importance qu'il faut constamment attacher aux succès de ces deux parties de l'économie publique dont la prospérité, si elle n'en forme pas la principale essence, est au moins inséparable de celle des gouvernemens ; ce ministre, dis-je, fit rendre un bill, par lequel une somme considérable fut mise à la disposition de l'administration publique. Elle devait avoir pour destination de soutenir les maisons qui pourraient éprouver de trop fâcheux événemens par des remboursemens subits auxquels elles ne devaient pas s'attendre. Ce nouveau moyen de crédit produisit de si bons effets, qu'ayant rassuré les capitalistes, ils continuèrent de donner leur confiance à leurs anciens débiteurs, et une grande partie des sommes offertes ne furent pas même demandées. La conduite de ce ministre à cette époque doit être considérée, par les hommes impartiaux, comme une des circonstances qui peut le plus honorer la mémoire de cet habile et célèbre administrateur. Quelque dépense que l'Angleterre eût à supporter et que nous lui occasionions , on n'entendit jamais **M.** Pitt gémir sur leur étendue. Il savait qu'il était préférable de prendre des mesures dignes d'une grande nation , et de raffermir par ce moyen l'esprit public au lieu de l'abattre , ainsi que je le disais dans mon dernier écrit , par des doléances continuelles , comme nous voyons que le font parmi nous beaucoup trop de personnes , lorsqu'elles prononcent le mot de *nos besoins.*

L'administration publique de la France a été si peu effrayée de nos dépenses , qu'elle a cru , avec raison , devoir les augmenter par la dotation d'une caisse d'amortissement, et nous voyons les législatures seconder la constance des efforts du gouvernement pour chercher à nous accréditer. Aussi celle de 1815 accorda-t-elle à cet effet un revenu de 20 millions.

Celle de 1816 , voyant qu'il était préférable d'augmenter la dette que d'accabler les peuples du poids de l'impôt, a consenti à de nouveaux emprunts pour la sûreté desquels elle a augmenté la dotation de la caisse d'amortissement donnée en 1815 , d'une somme de 20 millions. Enfin , la France a la satisfaction de voir qu'elle est imitée par les différens gouvernemens. Ils ont cru qu'il était de leur prudence de *créer et de maintenir* des caisses d'amortissement , puisque leurs dépenses les ont forcés de recourir à des dettes publiques.

J'ai été toujours tellement de l'opposition des administrations que je viens de citer, qu'en l'année 1814 je crus devoir faire quelques observations sur le compte rendu au Roi par le ministre des finances. J'établis en principe , qu'il était très-utile d'établir une caisse d'amortissement; je la portai à 12 millions. D'après notre position d'alors , cette somme était aussi considérable que celles déterminées par les législatures en 1815 et 1816.

(B) Pour mieux prouver cette assertion , j'ai pris des renseignemens auprès des personnes qui par état reçoivent à la Trésorerie les arrérages des rentes pour plusieurs particuliers. Je leur ai demandé si parmi leurs clients il y en avait beaucoup qui vendissent leurs rentes , ou qui en fissent de fréquentes mutations. Ils m'ont tous assuré que ces propriétaires de rentes les conservaient presque toujours ; que lorsqu'il y avait des mutations , ce n'était qu'au moment d'opérer des partages. Certains ont ajouté qu'ils étaient plus souvent chargés d'acquérir pour placer sur ces sortes de capitaux que pour les aliéner.

Je me suis aussi informé auprès de beaucoup de capitalistes , qui par leurs fréquentations à la bourse, sont plus à portée de connaître la place , quelle était , par évaluation , la valeur des rentes qu'on pourrait réaliser sur ce marché. C'est la porter à une somme trop forte , m'ont-ils répondu , que de la calculer sur vingt millions de rente ; mais le montant des ventes fictives qu'on n'est presque jamais forcé de réaliser , opérations qui se font au moyen *de la confiance et du crédit* , s'élèvent à des sommes bien plus considérables.

Si l'on veut réfléchir sur ces différentes mutations, peut-on considérer , nous ne saurions trop le dire , comme base de crédit , l'infériorité de valeur que le jeu donne aux vingt millions de ventes réelles qui peuvent s'opérer, qu'il serait même extrêmement difficile de réaliser si on avait les moyens de les acheter ? Quand on réfléchit sur ces sortes d'opérations, n'est-on pas persuadé que si l'on présentait au marché de la bourse des capitaux assez consibérables pour acheter ces rentes, on ne pourrait point en trouver assez pour placer cette masse de capitaux, puisque ceux qui sont propriétaires de ces effets publics, préféreraient alors de les garder, dans l'espérance de pouvoir les aliéner, sous peu de jours, à un plus haut prix ? Peut-on encore considérer comme base de crédit la valeur que par l'effet de ce même jeu on donne aux ventes fictives ? Non sans doute, et si on veut être de bonne foi, tous nos contradicteurs se rendront à cette opinion.

Mais, vient-on dire trop souvent, lorsque nous achetons des rentes, c'est dans l'intention de placer nos fonds et de les réaliser au besoin : or, dans cette circonstance, il est extrêmement fâcheux de s'exposer à éprouver des pertes si la rente vient à baisser de prix.

Nous répondrons à ces sortes d'objections, qu'elles ne seraient fondées qu'autant que l'on n'acquitterait pas le montant des arrérages ; mais tant que le service s'en fera aussi exactement que dans ce moment, il n'y a pas de motif qui puisse donner le moindre sujet à ce prétendu discrédit. D'un autre côté, lorsqu'on a fait des placemens sur le gouvernement, il n'a jamais entendu s'obliger à maintenir sur la place les effets publics à un cours élevé, mais seulement à remplir ses engagemens envers ses prêteurs.

Or , le gouvernement a plus fait encore , puisque de lui-même , ainsi que nous l'avons exposé , il a créé une caisse d'amortissement dont la dotation est beaucoup plus considérable qu'il ne le faudrait, quand même notre dette publique s'éleverait, pour l'avenir, à des sommes beaucoup plus fortes que celles qui furent énoncées lors de la dernière législature, pour acquitter, au moyen des ressources extraordinaires, toutes les dépenses que nous avons encore à solder. Tout est donc prévu , il n'y a aucun sujet de craindre que nous ne puissions pas acquitter tous nos engagemens présens et à venir ; c'est donc à tort que quelques personnes se fondent , pour prononcer le mot de discrédit , sur les prix avilis du marché de la bourse , tandis que la confiance doit être considérée comme rétablie , lorsque , je le répète encore, les arrérages sont payés exactement ;

Lorsque, pour soutenir les capitaux des rentes à un prix élevé , on a créé une caisse d'amortissement qui fait le religieux emploi de la richesse de sa dotation ;

Lorsque l'on paye en capitaux et en intérêts les créanciers de l'arriéré , et qu'on n'exige aucun sacrifice d'eux, n'importe le temps et les époques de leurs créances ;

Lorsque les divers services courans sont très-exactement payés ;

Lorsque les effets de la Trésorerie se font à un cours ordinaire ; que les capitalistes trouvent ces placemens si solides et si avantageux pour eux , qu'ils n'en ont pas la quantité qu'ils voudroient se procurer pour y placer leurs fonds ;

Lorsqu'enfin la bonne foi du gouvernement ne laisse rien à désirer, et que non-seulement il rejettera constamment toute idée qui pourrait nuire au crédit, mais encore qu'il ajoutera, s'il est nécessaire, de nouveaux moyens à ceux existans, pour rétablir la confiance et assurer encore davantage la garantie des créanciers de l'Etat,

FIN.